AF509656

A MM. LES CONSEILLERS MUNICIPAUX

DE LA SEYNE

ET

AUX ÉLECTEURS

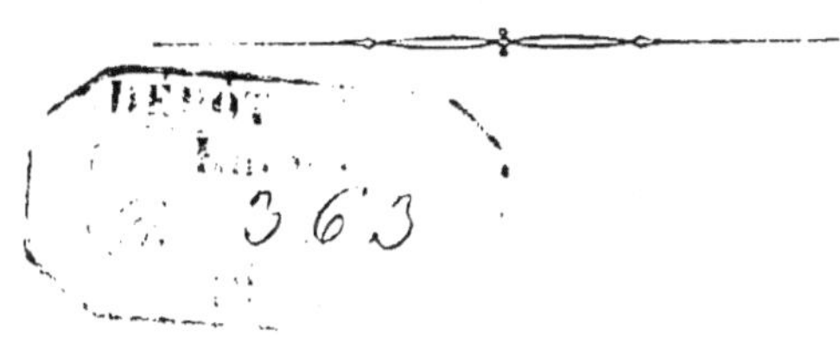

GESTION DU MAIRE PAR INTÉRIM

LYON

IMPRIMERIE TYPOGRAPHIQUE DE C. JAILLET

RUE MERCIÈRE, 92.

1866

Aux Conseillers Municipaux de la Seyne,

Aux Électeurs.

———

Messieurs les Conseillers,

M. Lacroix, le Maire, qui me relevait d'un intérim de plus de trois mois, vous lisait le jour qu'il présidait pour la première fois le Conseil de la Commune, le programme administratif, c'était son droit, vous votiez séance tenante le traitement de quatre agents de police et leurs costumes, l'augmentation du personnel et du traitement des employés de l'octroi, l'augmentation du personnel de la mairie, une deuxième brigade de gendarmerie. Vous portiez de trois à cinq mille la subvention pour le balayage de la ville ; enfin, les nouvelles taxes de l'octroi, qui devaient être affectées au gaz, à l'eau et à l'abattoir, faisant avec les 15,000 fr. de l'usine 45,081 fr., étaient portées au chapitre des recettes, d'un annexe au budget courant. Vous votiez un chapitre de dépenses d'égale somme, ce qui porte les ressources pour l'exercice courant à 126,516 fr., plus d'un tiers en sus de ce que les administrations précédentes avaient à leur disposition.

Le nouveau Maire, en vous proposant cette transformation subite des ressources de la commune, avait ses projets ; vous les avez secondés, c'était votre droit ; reste à voir sortir à effet, pour la commune, toutes ces mesures qui n'ont fait que l'objet d'un vote précipité et un peu au pas de charge. Je rentre, Messieurs, dans ces détails succincts, pour vous rappeler ce passage de la lecture du Maire, qui est relatif à mon administration, que vous étiez en mesure de mieux juger que lui, puisque vous étiez sur les lieux et vous y avez participé en votre qualité de Conseillers.

M. Lacroix a lu sérieusement le passage suivant, qui est inséré au procès-verbal de la séance qui sera soumis à votre signature : « L'administration intérimaire ne m'a laissé d'autres traces de sa gestion que les réclamations de nombreux ouvriers que je ne pouvais payer sans que vous en ayiez délibéré. Vous aurez à examiner avec sagesse cette situation. »

Que M. Lacroix, qui n'a paru que rarement à la mairie et fort peu en ville, juge ainsi une administration que les convenances au moins lui font un devoir de ne pas attaquer, cela s'explique par tout ce qu'il m'a été possible d'observer et d'apprécier jusqu'à sa nomination comme Maire. Mais que le Conseil municipal signe une délibération dans laquelle, sous forme dubitative un nouveau maire viendrait sans motif et sans droit glisser furtivement un blâme à son prédécesseur sans autorisation, sans discussion et sans délibération du Conseil municipal, ce serait introduire dans le Conseil une innovation qui jetterait le trouble en bien peu de temps et donnerait au Maire un droit qui n'appartient qu'à vous. M. Lacroix dit que mon administration ne lui est connue que par les réclamations de nombreux ouvriers qu'il ne pouvait pas payer. Est-ce bien le moment de dire tout ce

que trois ou quatre membres du Conseil municipal ont tenté
auprès de deux ou trois ouvriers et non d'un grand nombre?
Est-ce bien le moment de dire à M. Lacroix ce qu'il lui con-
venait de faire, ce qu'il n'a pas fait et ce que son désir était
qu'il fût fait? Non..., dans le moment, Messieurs, il s'agit
pour moi de vous demander d'ordonner que le passage que
je relève du programme, que le Maire a lu au Conseil et a
inséré au procès-verbal en soit retiré; puisque vos délibérations de la session de mai n'étaient pas signées le 20 juillet, et si elles le sont aujourd'hui, de désapprouver par un
vote le blâme inséré au procès-verbal de la première
séance présidée par M. Lacroix, puisque celui-ci n'avait pas
le droit de l'y insérer sans vous avoir consultés. L'on n'of-
fense pas ainsi un prédécesseur et un membre du Conseil.

Le conflit qui existe, Messieurs, comment s'est-il produit?
Il est nécessaire de vous le dire avant de vous parler des
comptes de dépenses:

Il s'est produit par un travail venu en dehors de nous, qui
consistait à diviser le Conseil municipal; ce travail n'a pas
abouti et n'aboutira pas. Il s'est produit par un travail de
division, au sujet des dévouements que nous avons con-
statés pendant l'épidémie et des récompenses qui ont été
accordées; rédacteur du rapport à l'autorité supérieure, j'ai
apporté à ce travail le plus grand soin, me servant des
renseignements de toutes les personnes qui avaient pu voir
les dévouements se produire. Ayant été en mesure de bien
voir, moi-même, je ne pouvais pas me tromper, et si M. Martel, le chef de l'administration d'alors, est satisfait des récompenses qui ont été accordées sur sa recommandation,
je suis loin de l'être, moi, pour celles que nous avons de-
mandées en commun, par mon rapport à l'autorité; rapport
déposé en minute aux archives de la commune. Ce travail

de division, malgré tous les ennuis qu'il m'a causés personnellement, n'a pas abouti.

Enfin, ce conflit s'est produit par quelques conseillers municipaux qui pensaient que le Maire doit consulter le Conseil municipal, ou au moins une partie de ses membres, avant de disposer des crédits ouverts au budget et se priver ainsi de l'initiative que lui donne la loi. Ici, la division venait de nous et ne pouvait avoir pour conséquences que de créer quelques difficultés passagères ; si les faits grossis et dénaturés inconsidérément, à la suite de ma retraite, par ceux-là mêmes qui avaient le plus grand intérêt à ce qu'il en fût ainsi, n'exigeaient de moi un compte-rendu de ma gestion qui imposera silence aux meilleures volontés de nuire.

M. Lacroix ne connaît mon administration que par les RÉCLAMATIONS DE NOMBREUX OUVRIERS. Vous la connaissez par mes actes, comme la population la connaît, et pour ceux qui pourraient les avoir oubliés il me paraît utile de les rappeler ici :

1° En janvier les fontaines ne coulaient plus, ce n'était pas surprenant puisque ce n'était pas nouveau. J'avais un crédit ouvert de trois mille francs, je pris sur ce crédit six cent cinquante francs, que j'employai à la réparation et au dégorgement de deux mille mètres de conduits, à partir de la mine de Berthe jusqu'à la ville ; en moins de dix jours ce travail fut exécuté malgré les mauvais temps qui nous survinrent, et aujourd'hui encore, en plein été, ce qu'on n'était plus dans l'habitude de voir, les fontaines coulent. N'aurais-je obtenu ce résultat que pour six mois, que la commune y aurait encore gagné, puisque pour pomper l'eau de la rue des Prieurs, eau relativement mauvaise, la dépense eût été pour les six mois écoulés, de plus de deux mille francs. Le résultat doit faire cesser la critique.

2° J'entrepris la jonction du Cours au boulevard Fleury ;

3° L'appropriation et la plantation de la place Bourradet;

4° L'appropriation et l'installation de l'Hôtel-de-Ville et des bureaux ;

5° Le classement des archives et leur installation, qui permettra de les conserver longtemps et préviendra les soustractions ;

6° J'ai fait combler le gros Vallat, de manière à préparer la plantation du quartier de la Lune ;

7° J'ai fait paver la rue Chapuy, pavage dont les propriétaires ont fait les frais pour cinq sixièmes ;

8° J'ai fait poser les bordures du port, pour obtenir de l'administration des ponts et chaussées la réparation des quais ;

9° Enfin j'ai fait élever les monuments de Bourradet et du Cours. Le premier résultant d'une souscription publique de nos concitoyens ; le second de l'initiative du Conseil municipal, d'une somme de deux cents francs qu'il a votée, nous attendant alors que la souscription que nous ouvrions ne serait pas retirée avant l'inauguration.

Cela posé, il me paraît utile, Messieurs, de vous rappeler la part que vous avez prise à tous ces travaux, alors qu'ils n'étaient qu'en projet.

Pour le premier article de dépense, celui relatif aux travaux de la conduite de Berthe, je vous soumis le projet d'une pompe à feu pour les temps de sécheresse et dans la discussion de ce projet qui fut écarté par vous, en préférence du puits et d'une noria de trois litres, à la rue du Prieur. Je vous parlai de la nécessité de visiter et réparer de suite les conduits. Je ne devais pas vous demander un vote spécial, puisque l'article 25 du budget mettait à ma disposition la somme de trois mille francs, et que dans mon opinion je ne devais pas dépenser le tiers de cette somme.

Pour les second et troisième articles de dépense, la jonction du Cours au boulevard Fleury, l'appropriation et la plantation de la place Bourradet, je vous rappelle que vous avez eu, sur ma proposition, à choisir vous-mêmes les emplacements sur lesquels les monuments seraient élevés ; une silhouette placée par mon ordre, à l'extrémité du Cours, le fut dans le but de vous permettre de bien juger de l'effet que produirait le monument. Vous avez décidé que l'obélisque serait élevé sur la place Bourradet, et la colonne à l'extrémité du Cours. Pour Bourradet, vous avez repoussé la création d'un square, que je vous proposais, pour vous arrêter à la plantation. Ici encore, il n'était pas nécessaire de vous demander un crédit ; les articles 25, 26 et 27 du budget m'en dispensaient.

Pour le quatrième article de dépense relatif à l'appropriation et l'installation de l'Hôtel-de-Ville, vous n'avez pas été consultés ; pouviez-vous l'être ? Lorsqu'il s'est agi de réparer la toiture qui faisait eau de toute part ; de réparer le dallage du vestibule, alors qu'aucune porte ne pouvait ouvrir et fermer sans efforts, que les bureaux et tous les services étaient dans un désordre complet, que le premier venu pouvait sans difficulté lire les pièces les plus secrètes ?

Vous ne pouviez pas être consultés sur des dépenses de détail pour lesquelles une dépense de moins de mille francs fait l'objet de six comptes divers. L'article 26 du budget mettait un crédit de six cents francs à ma disposition. Ce crédit est dépassé de quatre ou cinq cents francs ; il fallait qu'il le fût, pour centraliser tous les services municipaux à la Mairie et trouver un cabinet pour le greffe, une salle d'audience pour le tribunal de Police, que vous avez demandé par un vote, et que le nouveau Maire peut ouvrir demain, pour le plus grand bien.

Pour le cinquième article de dépense relatif au classement des archives, je ne vous dirai qu'un mot. Vous avez vu tous les papiers de notre pays, dévorés par les vers, illisibles par la poussière que des années avaient accumulée ; ils ont été restaurés, classés avec ordre, enveloppés avec soin, et forment aujourd'hui cinquante dossiers divisés en vingt-cinq séries, ce qui permet aux administrés, en moins de quelques minutes, de recourir à des documents qu'il aurait fallu plusieurs jours pour trouver, et dans quel état !

Ce travail n'a pas fait l'objet d'une délibération ; mais n'êtes-vous pas venus en session ordinaire de février, en session extraordinaire de mars, discuter pendant des semaines les affaires de la commune, et si vous aviez été opposés à ce travail, n'en auriez-vous rien dit ? Vous en avez compris la nécessité et l'importance, à part ce petit nombre qui ne pouvait l'apprécier comme vous.

Le sixième article de dépense est relatif au gros Vallat. Vous savez, Messieurs, qu'il était dans la pensée de tous de faire disparaître ce foyer d'infection, avant le mois de mai, puisque en février nous nous étions déjà occupés de la dérivation et de l'encaissement. L'usine des forges et chantiers, devant concourir pour une large part à la dépense, avait pris connaissance des plans comme c'était son droit. Les plans et les devis présentés par la Mairie furent admis en principe seulement par M. Verlaque, qui éleva la prétention jusqu'à vouloir faire contrôler les études faites par un Ingénieur de l'usine. Chef de l'administration municipale, je devais repousser cette prétention ; je le fis et, pour placer la question au-dessus des prétentions qui tendaient à se faire jour, et dans le double but d'être moi-même éclairé, en enlevant à la Société des forges tout prétexte, j'écrivis à Monsieur le Sous-Préfet pour me faire obtenir, pour le projet en question , le concours de l'administration des ponts et chaussées, autrement compétente que les agents des forges et nous. Les projets furent examinés sur le terrain, celui qui consistait à conduire le gros Vallat directement à la mer fut écarté comme ne répondant sous aucun rapport à ce qu'on se proposait ; restaient la dérivation et l'encaissement.

Peu après cette étude, sur les lieux, l'usine me faisait proposer, par Monsieur le Sous-Préfet, de faire combler le gros Vallat avec des argiles de sa cuve-mâle. Je n'acceptai pas cette offre, parce que en ceci encore, je ne voulais pas que l'usine, en retard pour ce qu'elle doit à la Commune, eût les apparences d'une initiative qui appartenait après tout au Conseil municipal, qui avait décidé la mesure en principe, en s'occupant du gros Vallat dès le mois de février.

Je n'acceptai pas, parce que je ne voulais pas combler avec de l'argile seulement ; enfin, je n'acceptai pas, parce que la dépense était relativement faible. Je refusai donc : j'ordonnai la mesure de manière à préparer les travaux de plantation de l'esplanade à la Lune, pour l'hiver prochain, et lorsqu'il en fut temps, j'acceptai la quantité d'argile nécessaire pour faire le travail, ainsi que je l'avais décidé. Cette dépense a été prise sur l'article 61 du budget et s'est élevée à 350 fr.

Le septième article de dépense, concernant le pavage et les trottoirs de la rue Nicolas Chapuy, ne touche la Commune que pour un sixième, pour le paiement duquel l'article 26 du budget est ouvert. Le pavage de la rue Chapuy a été arrêté sous l'administration de M. Martel, comme adjoint ; je fus chargé de traiter avec les propriétaires, que je réunis à cet effet à l'Hôtel-de-Ville, et il fut arrêté que, sur le prix de l'adjudication, la Commune paierait un sixième, soit cinquante centimes par mètre carré ; les propriétaires les cinq sixièmes, soit deux francs cinquante centimes par mètre carré. L'administration nouvelle n'a plus qu'à procéder à l'encaissement.

Le huitième article de dépense est relatif aux bordures des trottoirs du quai ; pour ce travail encore, j'étais en mesure de pourvoir à la dépense, par les ressources portées à l'article 26 du budget, et la majorité du Conseil a suivi cette affaire, subordonnée au travail, exécutée par les ponts et chaussées, et dont toute la population est satisfaite.

Restent les monuments.

Le public, Messieurs, a pu croire un instant que j'avais accepté seul l'obélisque de Bourradet, et que seul j'avais décidé l'érection de la colonne destinée à recevoir le buste de Napoléon Ier. Ces bruits sans fondement sont dus à des manœuvres qui, à la Seyne, partent toujours d'un mot d'ordre et sont répandues par les aboyeurs qui ne comprennent pas plus ce qu'ils font, qu'ils ne savent ce qu'ils veulent dire. S'il est digne de laisser passer tout ce qui a été débité sur mon administration ; s'il est convenable de laisser faire ce peu de bruit, sans plus d'attention qu'on en apporte à ce qui vient de quelques imbéciles, à la dévotion de gens qui ont un but, toujours peu avouable, du moment qu'il est caché ; il est utile à un moment donné, pour prémunir la population qui a le droit d'être éclairée sur ses affaires, de dire simplement ce qu'il en est, pour que les aboyeurs touchent leurs salaires et le public sache ce qu'il veut savoir.

En ce qui touche les monuments, je vous rappelle, Messieurs, que c'est à la suite de votre vote que la place Bourradet a été désignée pour recevoir l'obélisque, et c'est aussi à la suite de ce que vous avez indiqué, qu'il n'y a eu qu'une seule inscription ainsi conçue : « En souvenir des actes de dévouement, de courage et de charité, accomplis pendant la désastreuse épidémie de 1865. » Dix-huit cents souscripteurs ont élevé ce monument. Vous l'avez accepté par un vote pris à l'unanimité, et aujourd'hui, le courant que nous rencontrons partout, dissimulerait son insuffisance par une pétition signée par des gens qui signent tout, voudrait vous faire voter le déplacement d'un monument : par cela seul qu'il peut rappeler trois ou quatre défaillances? Cela ne se peut pas, et vous repousserez, si l'on en vient jusqu'à vous, cette prétention étrange que je me charge de flétrir si elle se produit davantage, et cette page en pierre de notre histoire sera conservée au pays.

Le Conseil acceptant l'obélisque, et désignant la place Bourradet, mon devoir consistait à assurer la volonté du Conseil ; c'est ce que j'ai fait : le monument a été élevé, la place a reçu une plantation, des bancs, et a été appropriée de manière à en faire un lieu agréable pour la population. Une grille en fer, coquette quoique simple, a été fabriquée et attend dans les ateliers la volonté du nouveau Maire pour protéger le monument en le complétant. Que dirais-je de plus? Rien. Que deviez-vous faire de plus? Rien encore.

La colonne, pour recevoir le buste de Napoléon Ier, est prête depuis le mois de mars ; sans les retards donnés pour la fourniture des pierres du socle, ce monument eût été inauguré vers la mi-avril. Pour ce monument encore, selon le désir exprimé par le donateur, vous avez voulu que ce buste fût placé sur une colonne à l'extrémité du Cours ; vous avez voté deux cents francs le 18 février ; vous vouliez voter davantage, je m'y suis opposé pour laisser à la population et à l'usine leur part d'initiative, en souscrivant pour la dépense. La souscription a été paralysée, ce n'est pas par moi, pas davantage par la majorité du Conseil. Nous n'y pouvons rien.

A la suite de vos votes, et pour assurer au pays un monument remarquable, je l'ai voulu simple mais répondant au but que nous nous proposions tous. J'accepte la responsabilité de ce travail comme pour tout ce que j'ai fait faire sous mes ordres, sur mes plans et mes indications ; mais je ne peux pas laisser dire que, pendant plus de trois mois, vous avez été étrangers à toutes les mesures prises, alors que je vous ai consultés sur tout, en gardant pour moi seul l'exécution de ce que vous arrêtiez, et cela si peu secrètement, que mon cabinet, à la Mairie, était, moi présent ou absent, ouvert aux membres du Conseil qui désiraient se tenir au courant des affaires de la commune.

Les inscriptions des quatre tables du piédestal de la colonne de Napoléon Ier ont été communiquées à l'autorité supérieure. Sur la première on lit : A Napoléon Ier. Sur la seconde : Donné par M. Mourgue à la ville de la Seyne. Sur la troisième : Ce buste a été exécuté par Canova, en témoignage de la délivrance du Milanais. Sur la quatrième : Ce monument a été élevé en Mars 1866, M. Montois étant préfet du département et inauguré le..........

Après les dépenses et votre participation il me reste, Messieurs, à vous rappeler non pas les services publics que j'ai dirigés pendant mon intérim à la satisfaction de mes administrés au moins, mais les rapports touchant à des services municipaux importants. Ces rapports avaient pour objet :

1° La perception du droit sur les charbons consommés dans l'usine, qui a motivé la délibération de septembre dernier qui attend une solution.

2° Le rapport sur la situation de nos écoles, en réponse à celui de M. l'Inspecteur d'Académie.

3° Le rapport sur le même objet en réponse au rapport de M. l'Inspecteur primaire.

4° Le rapport concernant la dérivation et l'encaissement du gros Vallat et le tronçon de route à travers les terrains domaniaux des Espageols, les plans et les devis.

5° Le rapport sur l'agrandissement du cimetière, les plans et les notes.

6° Le rapport en réponse à celui de Monsieur l'Ingénieur en chef des ponts et chaussées, touchant l'arrêté du sept mars dernier, pour l'interdiction du passage des charrettes et des voitures sur les quais les jours fériés.

7° Enfin, le rapport aux administrateurs des forges et chantiers, sur les projets d'assainissement, les plans, notes et devis.

Il m'a été dit que le nouveau Maire s'était plaint de n'avoir rien trouvé de tous ces documents ; ce qu'il y a de certain, c'est que, soit dans les registres des correspondances, soit en minute aux archives, tout a été conservé et en quittant la mairie, ne laissant pas la moindre affaire à expédier, à M. Lacroix, j'ai cru ma retraite à l'abri de tout reproche, mon administration exempte de toute critique.

Pour quelques personnes il en a été autrement, j'irai jusqu'au bout pour que le meilleur juge, le public, prononce sûrement entre ces génies méconnus, vous et moi.

Je devais, Messieurs, rentrer dans quelques développements avant de vous donner les comptes qui, à part ceux relatifs aux monuments, constituent des dépenses prévues au budget. Pourquoi donc les ouvriers, ceux qui ont donné des comptes exacts, n'ont-ils pas été payés, ainsi que cela se pratique dans toutes les villes de France où il n'est pas nouveau qu'une administration cède subitement sa place à une autre ? Ils n'ont pas été payés, parce que M. Lacroix ne l'a pas voulu, et il ne l'a pas voulu, parce qu'il avait ses raisons ; en attendant de m'expliquer et sur les raisons, et sur la volonté de M. Lacroix, la situation qui m'est faite et qui est faite aux ouvriers, exige une solution que vous seuls pouvez donner en vérifiant la nature des dépenses, les travaux exécutés, les prix appliqués à chaque article et en ordonnant par un vote que les comptes seront payés sur les chapitres du budget que j'indique, ou bien par une allocation spéciale qui les comprendra tous et laissera ainsi intacts les crédits ouverts au budget pour faciliter l'administration de M. Lacroix. Il n'y a que ces deux solutions, à moins que vous préfériez celle plus simple, qui consisterait à m'appliquer la dépense.

Mon administration se défendant seule, je ne paraîtrai pas au Conseil pour vous donner des développements, cet exposé suffit, vérifiez les travaux faits, étudiez les comptes que je vous soumets, demeurez étrangers à ces petites passions qui ne font que pitié et vous apporterez un jugement qui fera cesser un conflit qui fait la honte de ceux qui l'ont voulu, comme de ceux qui l'ont exploité.

ÉTAT DES DÉPENSES.

Aubert, maçon. — Travaux divers à la salle d'asile, à la mairie, aux fontaines.	335 f.	41 c.
Barthélemy, serrurier. — Travaux divers de serrurerie à l'abattoir, à la salle d'asile, aux écoles, à Bourradet, aux fontaines.	484	76
Deux grilles pour les monuments.	1,023	45
Vidal, peintre. — Travaux de peinture à la mairie et à Bourradet.	326	65
A Reporter	2,170	27

Report	2,170	27
Augé. — Bordure et taille à la fontaine du cours.	53	84
Périno, peintre. — Peinture et décoration à l'hôtel-de-ville. Prix convenu.	120	»
Gallo. — Travaux d'entretien au cimetière.	60	»
Hugues, tailleur de pierres. — Fournitures diverses, 281 mètres de bordure, aqueduc de la rue Tête-Noire.	1,465	74
Fournitures pour les monuments.	607	70
Simoni, maçon. — Refait à neuf la toiture et réparé le poste du garde à la forêt.	309	87
Guiol, menuisier. — Menuiseries diverses aux écoles, à l'hôtel-de-ville et bancs de Bourradet.	276	50
Camoin, peintre. — 201 lettres sur verre dépoli.	36	50
Gallon, paveur. — Pavage et pose de bordures.	740	78
Paul, menuisier. — Travaux de menuiserie à la mairie.	382	18
Arnaud. — Tonnellerie.	6	50
Gasquet. — Ferblanterie.	9	70
Villecrose. — Divers.	10	25
Chioddo. — Cordeaux.	15	70
Martineng. — Divers.	6	50
Dagnan.	59	40
Mille. — Deux bornes fontaines.	90	»
Fillol. — Cordages divers.	80	»
Couteleny. — Réparation des outils.	50	»
A Reporter	6,551	43

Report   6,551   43

ABRAN. — Cordeaux.   8   50

ROSSI, marbrier. — Colonne pour recevoir
le buste de Napoléon Ier, offert par
M. Mourgues à la ville.   1,283   »

Montant de la dépense.   7,842   93

J'ai déposé, Messieurs, au secrétariat de la mairie les comptes des ouvriers. J'ai divisé ces comptes par nature de travaux et de fournitures ; J'ai indiqué les articles du budget, sur lesquels les ouvriers et fournisseurs doivent être payés et j'ai joint au dossier des notes sur les comptes qui me paraissent exagérés ; avec ces documents vous pouvez très-utilement en une séance liquider cette situation anormale, bien plus dans l'intérêt des ouvriers que dans le mien propre, n'étant ni surpris, ni froissé du bruit qui a été fait autour de moi à la suite de ma retraite, tant sur les rapports tendus entre le Maire par intérim et le Conseil municipal, que sur mes rapports avec l'autorité supérieure et l'usine.

Nos rapports, Messieurs, sont consignés à la mairie dans le livre de vos délibérations et nul ne peut les changer. Divisé avec vous sur la question des écoles et l'agrandissement du cimetière au sud, mon devoir était de défendre ce que je croyais bon pour nos enfants ; ce que je croyais utile pour la commune.

Vous avez deux écoles supérieures, deux écoles moyennes, deux écoles de commençants ; je voulais, moi, ce que nous avions promis la veille des élections : une école laïque supérieure, une école congréganiste élémentaire ; la première payant une rétribution scolaire, la seconde absolument gratuite.

Vous avez voulu l'agrandissement du cimetière au sud ; je le voulais à l'ouest, un avenir très-prochain nous rappro-

chera sur cette question comme pour celle des écoles et,
dans tous les cas, ces divergences de vue ne pouvaient pas
troubler nos rapports, alors surtout que sur toutes les autres
questions communales que nous avons traités ensemble, rien
n'est venu nous diviser, pas même la motion de M. Lacroix,
à la fin de nos travaux d'avril, et que vous repoussâtes avec
unanimité. Je vous rappelle ce vote avec satisfaction, comme
preuve évidente des sentiments du Conseil municipal, que
je partage toujours avec vous.

Mes rapports avec l'autorité supérieure m'ont démontré
jusqu'à l'évidence l'intérêt qu'on prend à Draguignan comme
à Toulon à tout ce qui intéresse notre commune, et en ceci,
vous le pensez bien, la personne du maire n'est pour rien.
J'ai obtenu pour la ville tout ce que j'ai demandé pour la
ville; je saisis cette occasion pour remercier bien sincère-
ment notre Préfet et notre Sous-Préfet vis-à-vis desquels,
pour ce qui m'est personnel, je n'ai pas pu éprouver de refus,
n'ayant jamais rien sollicité, pas même de demeurer à la
tête de l'administration de la commune, honneur comme
tous les honneurs qui, selon moi, doit venir à l'homme sé-
rieux, le devant n'étant pris d'ordinaire que par l'homme qui
ne l'est pas.

Mes rapports avec mes administrés sont trop connus pour
être rappelés ici; vous les connaissez tous, même ceux que
j'ai eus avec M. Ricard, en sa qualité de directeur administratif des forges et chantiers à La Seyne. Les sympathies du
directeur, pour l'administration et le Conseil municipal,
étaient du nombre de celles qui se maintiennent par des con-
flits et tant l'administration de M. Martel que la mienne, et
la mienne surtout, ont toujours tendu à les éviter. La correspondance de la mairie, que chacun peut consulter, prouve
que l'administration des forges a trouvé à la mairie une

administration toujours empressée à lui accorder tout ce qui était compatible avec les intérêts de la commune et la dignité du Maire toujours prête à la rappeler lorsqu'elle tendait à s'écarter des règles. Respecter les droits ; des égards et de la bienveillance pour les personnes, a été la règle qui a été suivie, mais qui n'a pas été imitée par les agents de l'usine ; qu'avec très-peu de bonne volonté de ma part, j'aurais rencontré sur un terrain qui ne leur aurait pas été favorable, tant j'usais peu de mon autorité.

J'ai cru nécessaire, Messieurs, à l'appui des faits que je vous rappelle de mon administration, négliger pour le moment ma participation à l'administration de M. Martel qui n'a rien à faire ici et vous donner quelques-uns des documents qui constateront comment j'ai compris mon mandat, tant comme conseiller municipal que comme chef par intérim de l'administration municipale. Il me reste à conclure avant de vous donner ces quelques documents qui vous rappelleront votre passé.

CONCLUSIONS.

M. Lacroix vous a lu dans son programme le paragraphe suivant qui me concerne :

« L'administration intérimaire ne m'a laissé d'autres traces de sa gestion que les réclamations de nombreux ouvriers, que je ne pouvais payer sans que vous en ayiez délibéré ; vous aurez à examiner avec sagesse cette situation. »

Les hommes passent, fort heureusement, mais les écrits. surtout ceux de cette nature, restent.

Cette opinion du nouveau maire m'occupe peu, ce sera différent si vous la partagez, en signant le procès-verbal de la séance qui, aujourd'hui vingt juillet, après *deux mois* et plus de rétard n'est pas signé par vous.

Une voie m'est ouverte pour faire annuler le procès-verbal de la première séance, c'est celle de la loi qui veut que les délibérations soient adressées dans la huitaine à l'autorité supérieure. Vos délibérations de la session de mai n'étant pas signées le vingt juillet sont nulles puisqu'elles ne sont pas signées et n'ont pu être adressées dans le délai de la loi.

Je n'invoquerai pas ce moyen.

Le maire n'avait pas le droit d'insérer un blâme dans le procès-verbal, en vous lisant son programme ; ce qu'on lit on a eu le temps de le réfléchir, et là où il y a le temps de la réflexion, il n'y a pas d'excuse. Le maire seul et furtivement ne peut blâmer son prédécesseur ; ce droit n'appartient qu'à vous et c'est parce qu'il n'appartient qu'à vous que je vous demande :

De dire par un vote que vous êtes étrangers au blâme inséré au procès-verbal de la première séance de la session de mai et que ce blâme n'est que l'opinion personnelle de M. Lacroix.

Ou bien que vous partagez l'opinion de M. Lacroix et que le blâme est maintenu.

Vous me devez cela, comme vous vous le devez à vous-mêmes, je l'attends de votre indépendance.

En ce qui touche les comptes je vous l'ai dit :

Il y a les dépenses prévues au budget ;

Il y a les dépenses non prévues.

En ordonnant par un vote que les comptes seront payés sur les chapitres que j'indique du budget courant, vous vous conformerez à la règle, ou bien votez une allocation spéciale qui les comprendra tous et laissera ainsi intacts les crédits ouverts, pour faciliter l'administration de M. Lacroix, déjà à l'aise par les ressources de 45,081 francs portés en recette à l'annexe du budget courant ; à moins que vous préfériez, ce que je ne pense pas, et qu'on vous prête, de m'appliquer la dépense, ce qui simplifierait votre travail sans compliquer la situation réglée par l'art. 61 de la loi du 18 juillet 1837 et l'art. 449 de l'ordonnance royale du 31 mai 1838.

F. DURAND,
Ancien premier Adjoint, Maire par intérim,
Conseiller municipal.

« MONSIEUR,

» J'ai reçu la lettre que vous m'avez fait l'honneur de m'adresser le 14 de ce mois, au sujet des colonnes que vous avez fait ériger sur le cours et sur la place Bourradet.

» Pour que je puisse être mis à même de répondre aux diverses questions que vous me posez, il est absolument indispensable que je sache d'une manière positive dans quelles conditions et à quels prix vous avez commandé les travaux dont il s'agit, ainsi que les ressources sur lesquelles vous avez compté pour les solder et enfin quelle est la situation faite à la commune *par vos conventions particulières* avec les entrepreneurs et fournisseurs.

» Aussitôt que vous m'aurez fourni les renseignements indiqués ci-dessus, je m'empresserai de soumettre la question au Conseil municipal qui est seul compétent pour engager les finances de la commune, si engagement de cette nature il doit y avoir.

» Pour mon compte personnel je serai très-heureux de voir le Buste du chef de l'illustre Dynastie qui règne sur la France, placé au haut de la principale promenade de notre pays et je ferai tout ce qui dépendra de moi pour que cette entreprise, commencée par vous, soit menée à bonne fin.

» Veuillez aussi me mettre à même d'entretenir le Conseil municipal au sujet de l'emploi que vous avez fait des diverses sommes que vous avez directement perçues, soit à titre de souscription pour les monuments dont s'agit, soit pour les victimes du choléra et enfin de celle de *quinze cents francs* qui vous a été remise par M. le Sous-Préfet, pour être destinée à l'assainissement du pays.

» Il est absolument indispensable que j'aie tous ces renseignements ainsi que ceux concernant les divers travaux que vous avez fait entreprendre sans autorisation régulière du Conseil pour pouvoir liquider la situation de la commune pendant le cours de la session extraordinaire que je vais provoquer à cet effet.

» Recevez, Monsieur, l'assurance de ma considération distinguée.

Le Maire de la Seyne,
B. LACROIX.

» MONSIEUR LE MAIRE,

» Le 14 mai je vous écrivais au sujet des monuments, et M. Lacroix me répondait le 17 une lettre injurieuse que je ne relève pas dans le moment.

» Ecrivant au Maire de la Seyne le Maire devait répondre et si vous aviez à éprouver quelque embarras pour le faire dans les formes convenables et polies, vous n'auriez qu'à consulter la correspondance que j'ai tenue depuis le mois de septembre dernier jusqu'au 10 mai inclusivement, veille de votre installation comme Maire.

» M. Martel a remplacé M. Étienne en qualité de Maire ; M. Martel a payé alors qu'il l'a pu les dépenses de son prédécesseur, même celles pour lesquelles il n'y avait pas de crédit ouvert.

J'ai remplacé M. Martel, j'ai payé ses dépenses, même celles pour lesquelles il n'y avait pas de crédit ouvert.

» Vous me remplacez et vous m'écrivez comme Maire la lettre du 17 mai !

» J'ai administré mon pays sur l'invitation qui m'en fut faite par l'autorité supérieure ; mon passage à la tête de l'administration de la commune, vous n'avez pas à le juger, il relève de l'autorité supérieure, du Conseil municipal et de mes administrés, jusqu'au 10 mai ; je n'ai donc pas à vous rendre compte de mes actes.

» Libre, comme on doit l'être, lorsqu'on a la conscience tranquille, j'eusse répondu de suite à votre lettre si je ne l'avais pas reçue au lit, dans un état qui ne me permettait ni de vous répondre, ni de m'occuper d'affaires, ni de prendre garde à tout ce qu'on vous prête à mon endroit. Aujourd'hui, à peu près remis, je dépouille le compte de ma gestion, j'en donne un état, j'indique sur quels articles du budget vous aurez à les faire payer, et s'il se trouve des articles dépassés, ce qui n'est nouveau dans aucune administration, le Conseil municipal, et non vous seul, décidera si ces excédants doivent être payés par la commune ou par moi. Vous le voyez, Monsieur, rien n'est plus simple.

» La somme remise par M. le Sous-Préfet a reçu la destination qui avait été indiquée et le Conseil n'aura en ceci qu'à s'assurer des chiffres que je présenterai lorsqu'ils seront définitivement arrêtés.

» Je laisse pour des motifs que vous comprendrez sans doute *mes conventions particulières, les diverses sommes que j'ai directement perçues*, toutes choses que vous voudrez bien m'indiquer puisque ma mémoire me fait défaut, et j'aborde la question des monuments pour laquelle je vous ai écrit le 14.

» Le monument de Bourradet n'attend qu'une grille qui est prête.

» Le monument pour le buste de Napoléon Ier est élevé sur un plan fait par moi et exécuté par M. Rossi, marbrier à Toulon, sur mon plan et mes indications, vous n'aurez donc rien à ordonner ni à changer, puisque le monument est debout et n'attend plus que les aigles, le buste, la grille et les inscriptions.

» Pour les inscriptions, convenablement, je ne devais pas les faire graver sans les communiquer à l'autorité supérieure; lisez la correspondance, vous vous assurerez que cette communication a été faite dans la première quinzaine d'avril.

» Pour la pose des aigles, de la grille et du buste, je ne devais pas la faire, puisque c'est sur la voie publique, sans vous en avoir demandé l'autorisation. J'ai fait cette demande le 14 mai, vous m'avez répondu par la lettre du 17, qui contient ce que vous savez, mais qui est muette sur ma demande, que je réitère. Le monument est en place depuis fin avril; sans le socle qui nous a retenus, il eût été terminé en mars. Il reste à placer les aigles, la grille, le buste, et à graver les inscriptions. Que l'autorité supérieure, informée et au courant de ce que je faisais, se prononce sur les communications que je lui ai faites depuis bientôt deux mois. Vous, Monsieur, écrivez-moi d'avoir à terminer une œuvre qui fait honneur au pays et au donateur, et ce conflit, qui n'en est pas un par mon fait, cessera aussitôt.

» Peut-être, Monsieur, en m'autorisant à mettre la dernière main aux monuments vous croiriez vous engager pour la dépense. Il n'en est rien. Ces travaux ont fait l'objet d'une délibération. Le Conseil municipal a voté deux cents francs, il voulait voter davantage, je m'y suis opposé pour laisser à notre bonne population sa part d'initiative. A peine les travaux entrepris, un travail que je ne fais qu'indiquer s'est produit sourdement par des hommes qui sont jugés. La souscription a été critiquée, je ne me suis pas arrêté pour cela ; je n'ai rien répondu, je n'ai pas même cherché à connaître les sommes souscrites, persuadé que je suis que, lorsque notre population verra le buste de Napoléon Ier par Canova sur le joli monument élevé sur le cours, elle remerciera le donateur, approuvera mon initiative, la décision du Conseil municipal, et voudra, quoi qu'on ait fait pour l'empêcher, donner son offrande pour prendre part à la dépense, pour laquelle, à tout événement, je suis trop heureux d'être là.

» Je ne peux terminer, malgré tout ce que contient de désobligeant pour moi votre lettre du 17 mai, sans vous remercier pour les sentiments spontanés que vous exprimez à l'occasion du buste de Napoléon Ier et du monument élevé par mes soins à l'illustre chef de la Dynastie Napoléonnienne qui a fait pour la démocratie honnête ce que les révolutionnaires ne tentent qu'à leur façon et bien vainement. Les petits intérêts, les petites intrigues ne peuvent avoir que passagèrement leur heure, lorsqu'elles l'ont ; parce que l'Empereur trouve toujours la sienne , pour faire triompher les véritables intérêts du peuple confié par la Providence à son gouvernement.

» Vous voudrez bien, Monsieur le Maire, prendre bonne note de ma lettre et y répondre de manière à ce que les monuments dont s'agit ne demeurent pas plus longtemps sans recevoir ce qui leur manque pour les compléter : restera pour vous l'honneur de l'inauguration.

» Dans l'attente,

» Veuillez agréer l'assurance de ma considération.

» Le premier adjoint, ancien Maire par intérim,
F. DURAND.

28 mai 1866.

« Monsieur le Préfet,

» Je regrette vivement que M. l'Ingénieur en chef des ponts
et chaussées donne un avis contraire à l'approbation de mon
arrêté du 1er mars 1866, touchant la circulation des voitures sur le quai de la Seyne, les jours fériés, et de midi
à minuit, et qu'il donne, pour motiver son avis, le considé-
rant de l'arrêté qui implique que mon intention n'est pas
d'entraver l'usine des forges, mais seulement de la soumettre à la règle commune, toutes les fois que le caprice
l'en fait sortir.

» L'usine des forges a un entrepreneur de camionnage,
chargé du transport des marchandises de la gare à l'usine ;
cet entrepreneur a un matériel important, pour faire face à
tous les besoins. Est-ce que la mesure qui interdisait les
transports pendant une partie de la journée du dimanche,
alors que toute la population est sur les quais, peut entraver
l'usine des forges ? J'en veux pour juge M. Ricard lui-même
qui, après avoir fait descendre plusieurs charretées de cornières, à travers la foule compacte des promeneurs, les
laissait dételées le restant de la journée, et toute la nuit,
devant la porte de l'usine, ne tenant ainsi pas plus de compte
de la récente mesure prise, que des règlements généraux
sur l'encombrement de la voie publique. — Voilà pour les
faits.

» En droit, M. l'Ingénieur en chef assimile nos quais à une
route impériale, soumise aux règles de la grande voirie,
et n'admet pas que le Maire puisse, comme dans l'espèce,
en régler la police, même dans les cas d'urgence. J'ai le
regret, Monsieur le Préfet, de ne pas être de son avis, et je
crois que les lois que j'ai visées en tête de l'arrêté, me
donnent le droit de faire, surtout d'une manière aussi res-
treinte, ce que j'ai fait.

» M. l'Ingénieur en chef assimile nos quais à une route impériale ; mais nos quais, Monsieur le Préfet, bien que sous le régime de la grande voirie, se joignent : à l'ouest et au nord-est, à l'avenue du Grand-Môle et à la rue des Chantiers ; au sud, à la rue Regonfle ; au sud-est, au boulevard Béhic ; les quais ne font pas même suite à une route de grande communication ; et il est bien évident que la mesure ne gênant en rien l'industrie des forges et chantiers, n'a d'autre but que d'assurer la jouissance paisible des quais, et cela pendant quelques heures de la semaine, à une population qui a eu, depuis l'origine de la commune, une préférence marquée pour cette promenade.

» Si toutes ces considérations, Monsieur le Préfet, n'ont pas convaincu M. l'Ingénieur en chef des ponts et chaussées qui, dans son rapport, se préoccupe d'un préjudice porté à l'usine des forges que je ne vois nulle part : si, comme je l'espère, vous reconnaissez comme moi qu'il n'en existe pas ; vous voudrez bien donner votre approbation à mon arrêté. que d'autres dispositions légales me permettaient de prendre si non dans la même forme, au moins dans le même but.

» Veuillez agréer, Monsieur le Préfet, l'hommage de mon plus profond respect.

» Le Maire par intérim,
» F. DURAND.

» 20 mars 1866. »

Monsieur le Directeur de l'exploitation des forges et chantiers à Marseille.

« MONSIEUR,

» Ainsi que j'ai eu l'honneur de vous le dire à Marseille et à la Seyne, sur la demande de M. Verlaque à Monsieur le Sous-Préfet, je ne vis aucun inconvénient à saisir une administration compétente de l'étude de l'encaissement et de la dérivation du gros Vallat, déjà faite sous ma direction. Sur ma demande et le concours empressé de Monsieur le Sous-Préfet, l'administration des ponts et chaussées est saisie de cette affaire et la solution qu'elle doit avoir ne doit plus nous occuper ; sous tous les rapports, messieurs les Ingénieurs des ponts et chaussées étant plus compétents que nous.

» M. Lanclas étant absent de Toulon, et n'ayant pu venir à la Seyne que ces jours derniers, j'ai dû différer, Monsieur, ma demande à la Compagnie des forges ; aujourd'hui que je ne vois plus rien qui puisse nous diviser sur les améliorations que nous désirons tous au point de vue de l'assainissement de la ville, réclamé par un état sanitaire et local peu satisfaisants.

» Ainsi que j'ai eu l'honneur de vous le dire, Monsieur, l'assainissement, en ce qui nous est possible de faire de suite avec votre concours, consiste : 1° à l'encaissement ou la dérivation du gros Vallat ; 2° à la construction d'un tronçon de route reliant le chemin de Toulon aux quais, par le tracé des Espageols.

» Ce projet exigeait une autorisation spéciale ; les terrains des Espageols étant domaniaux ; je l'ai demandée à Monsieur le Préfet du Var, et n'attend plus que l'avis de M. l'Ingénieur qui nous sera favorable.

» Je vous remets, Monsieur : 1° le tracé du gros Vallat, comprenant l'encaissement et la dérivation, projets soumis à la haute expérience de M Lanclas, qui a bien voulu nous prêter le concours de ses lumières ; 2° le tracé du tronçon de route, à travers les Espageols, pour vous donner une voie propre à tous les transports, et nous assurer un moyen sûr d'assainissement de la partie nord-est de la ville ; enfin copie de mon rapport à Monsieur le Préfet du Var, qui vous permettra d'apprécier les avantages que nous avons tous à ces améliorations.

» Pour le gros Vallat, il nous faut attendre l'étude. Ce Vallat étant comblé, les dangers ont cessé; en maintenant les mesures prises pour le quartier de la Lune. CE QUE L'ADMINISTRATION QUELLE QU'ELLE SOIT devra faire. nous pouvons attendre l'époque des chaleurs ; il suffit qu'avant les pluies d'automne les eaux soient dirigées ailleurs que dans le port où je les jette dans ce moment.

» Pour le tronçon de route à travers les Espageols, rien ne s'oppose à ce que ces travaux s'exécutent de suite et qu'ils soient prêts en un mois, VU L'URGENCE. Mais pour cela. Monsieur, ainsi que vous me l'avez assuré, il me faut le concours des forges et chantiers.

» Nous avons estimé les travaux du gros Vallat à 35,000 fr , il nous faut attendre le travail de M. Lanclas. qui probablement modifiera nos plans et nos calculs.

» Nous avons estimé le tronçon de chemin à travers les Espageols, à 10,000 fr., compris le CANAL qui doit amener les eaux de la mer à l'angle Nord de la rue Saint-Pierre.

» Ainsi que j'ai l'honneur de vous le dire, ce travail peut être commencé de suite et assurer l'assainissement des rues Prieurs. du Sac, des Magasins, des Chantiers, Brasseries, Saint-Pierre et Cannelle, tant ravagées en septembre dernier. Pour cela. Monsieur. les ressources de la commune sont insuffisantes. et sans une large participation de votre Compagnie. il nous est impossible d'y donner suite. Aussi. Monsieur, comptant sur votre désir de prévenir. autant que faire se pourra, une seconde invasion du mal, je vous propose. puisque les quartiers de la Lune peuvent attendre. de faire commencer de suite les travaux des Espageols, aussitôt que vous m'aurez assuré du concours que la Commune peut attendre de votre Compagnie ɪɴᴛᴇ́ʀᴇssᴇ́ᴇ à tous les points de vue aux projets que j'ai eu l'honneur de vous soumettre.

» Dans l'attente de votre réponse, veuillez agréer, Monsieur, l'assurance de ma parfaite considération.

» Le Maire par intérim,
» F. Dᴜʀᴀɴᴅ.

» 10 avril 1866. »

SESSION EXVRAORDINAIRE

sᴇ́ᴀɴᴄᴇ ᴅᴜ 2 ᴀᴠʀɪʟ.

Le Maire expose qu'en présence de la nécessité absolue d'assainir la ville, tant par la dérivation ou l'encaissement du gros Vallat, que par la suppression des forts charrois sur la traversée Saint-Pierre, il a dû se préoccuper du moyen à prendre pour s'assurer les ressources nécessaires qu'il évalue au moins à quarante mille francs.

La ville seule, avec ses ressources ordinaires, ne pouvait entreprendre de pareils travaux, et dès-lors se borner à améliorer la situation des quartiers de La Lune et des Espageols, sans suppression des véritables causes d'insalubrité.

La ville n'étant pas seule intéressée, avant d'abandonner ces projets il était à la fois utile et convenable d'exposer la situation aux administrateurs de l'usine des forges à Marseille et de savoir sûrement s'il rentrait dans leur vue de concourir à une dépense qui, en définitive, était faite en vue d'une situation générale, dans laquelle ils avaient une large part : 1° par la plus value que donnaient aux quartiers de La Lune l'éloignement ou l'encaissement du gros Vallat ; l'appropriation et la plantation de cette vaste place, transformée à peu de frais en une promenade, comme en ont peu les villes de second ordre; 2° par un tronçon de chemin de 200 mètres environ à travers les Espageols, reliant la route de Toulon au quai par les anciens chantiers, ce qui permettrait tous les charrois possibles ; le passage des longues cornières et des pièces de mâtures que l'usine ne transporte aujourd'hui qu'à grandes difficultés. Par ce travail, la ville trouverait un moyen sûr d'assainir ses quartiers nord-est en baissant la rue St-Pierre, qui aujourd'hui barre cinq longues rues qui n'ont plus de passage pour l'écoulement des eaux ménagères et autres. Sur cet exposé et la communication des plans, les administrateurs de Marseille promirent leur concours, montrant le plus grand désir que ces projets fussent exécutés au plus tôt et préalablement leur faire remise d'une copie des plans et devis, pour que le Conseil d'administration de Paris se rendît compte de ce qu'il avait à faire à La Seyne et assurât à la commune une somme fixe à payer après l'exécution des travaux, somme qui ne serait pas moindre de 25,000 francs.

Le Conseil prend le plus grand intérêt à ces questions d'assainissement, déjà examinées dans la précédente session, discute de nouveau les plans et les devis du projet d'encaissement du gros Vallat et du tronçon de route à travers les Espageols et ne trouve qu'une difficulté à ces projets, celle de faire concourir la commune d'une manière large à toutes ces dépenses dont l'opportunité est incontestable.

Le maire expose ensuite les motifs qui l'ont déterminé à faire combler de suite le gros Vallat. Il dit que l'usine s'était offerte de faire ce travail, au moyen des vases argileuses de ses cuves-mâles ; il a dû pour divers motifs refuser l'offre, notamment pour les dangers qu'il a cru voir dans un amas de vases argileuses dans le parcours du gros Vallat, déjà trop in fe c a préféré combler la partie ouest, la plus in-

fectueuse, avec des terres sèches. par conséquent absor-
bantes, et le restant du parcours avec un lit d'argile, recou-
vert de plus de soixante centimètres de terres sèches.

M. Hugues regrette que le maire n'ait pas réuni le Conseil
d'hygiène, dont il fait partie. pour lui soumettre la question.
Il lui est répondu qu'il a été convoqué régulièrement pour
qu'il eût à donner son avis sur la mesure et les moyens à
employer et qu'il ne s'est pas rendu à la réunion de la com-
mission qui dut s'ajourner. L'incident n'a pas de suite.

M. Lacroix fait la motion suivante :

Le Conseil municipal, après avoir entendu les explications
qui lui ont été fournies par le Maire au sujet des quartiers
de La Lune.

Vu l'état de nos finances et les nombreux besoins du pays,
en ce qui concerne la salubrité, qui ne nous permettent pas
de les jeter sur un seul quartier; vu nos faibles ressources ;

Vu les offres bienveillantes qui ont été faites à la commune, par l'Administration des forges et chantiers, pour
concourir de ses propres deniers à l'assainissement de ce
quartier et à d'autres, où se trouvent aussi de nombreux
ouvriers ;

Acceptons avec reconnaissance ces offres et invitons l'Administration à laisser combler la section du Gros-Vallat, qui
borde les quartiers habités, ajournant tout autre projet.

Le Maire demande si quelqu'un veut parler pour ou contre
la motion.

M. Rousset demande d'aller aux voix.

Le Maire prend la parole et propose au Conseil de repousser la motion comme inopportune et ne répondant ni à la
situation, ni à la réalité des faits. Le Gros-Vallat est comblé,
il n'y a plus lieu d'en laisser le soin à l'usine qui, du reste,
a concouru à ce travail dans une certaine mesure déjà in-

diquée et propose, en repoussant la motion de M. Lacroix,
de voter la suivante :

Le Conseil accepte le concours de l'usine pour tous les
travaux d'assainissement que doit entreprendre la commune.

Le Conseil vote cette motion à l'unanimité.

Monsieur Ricard, directeur administratif des forges et chantiers de la Seyne.

MONSIEUR,

Le receveur de l'octroi me remet le bordereau dressé par
vous des matières que vous consommez dans l'usine et qui
sont soumises à l'octroi. Vous n'ignorez pas, Monsieur, que
le Conseil municipal, sur un rapport de M. le Directeur des
contributions indirectes, a constaté la nullité de la convention que vous invoquerez probablement et a décidé sur mon
rapport et à l'unanimité, de poursuivre par les voies amia-
bles d'abord, les tribunaux ensuite, la nullité de cet acte et
le retour à la caisse municipale des droits que vous devez.

L'épidémie n'a pas permis à M. Martel de terminer cette
affaire ; pendant mon administration provisoire, j'ai tenté
auprès de vos chefs à Marseille, auprès du Conseil à Paris,
toutes les voies de conciliation pour faire opérer le retour
à la caisse municipale des droits qui n'y sont pas venus, en
vertu de cette même convention, dont la validité ne supporte
pas l'examen. En l'état, Monsieur, mon devoir bien certain
est de vous dire que vous vous chargez de faire le compte
des droits que vous devez à l'octroi, alors que c'est lui qui
doit l'établir ; que j'admets bien que vous régliez par tri-
mestre ou tant que l'octroi sera en mesure de contrôler les
chiffres des matières taxées qui doivent, sans exception aucune, le droit intégral et non le droit conventionnel taxé sur
un traité nul, que les règles de l'équité ne sauraient admettre,

pas plus que la justice qui ne faillit jamais dans notre beau pays.

En conséquence, Monsieur, après trente-huit jours de retard, veuillez faire acquitter à la caisse de l'octroi les droits que vous devez, compris ceux des ciments que vous ne mentionnez pas dans vos notes ; cela faisant, vous ne ferez que vous conformer à ce que votre compagnie fait à Marseille, qui fait, comme La Seyne, partie de l'Empire français et moi, en l'exigeant, je ne fais que suivre les règles les plus vulgaires d'une bonne administration.

Veuillez agréer, *Le Maire par intérim,*

9 mai 1866. F. DURAND.

L'on ne doit pas seulement compte d'une administration municipale à l'autorité supérieure qui surveille là un rouage de l'administration générale de l'Empire, dont le maire est le représentant.

L'on ne doit pas seulement compte au Conseil municipal, chargé par les électeurs, dirigé par leur conscience, soutenu par la loi, pour indiquer les améliorations à faire dans la commune ; l'opportunité des dépenses non prévues au budget et l'efficacité de l'emploi des fonds.

L'on doit aussi compte au public qui vous a donné mandat de conseiller ; au public trop peu initié aux affaires qui l'intéressent ; au public qui est juge d'appel et souvent le meilleur en ces matières. C'est pourquoi, à l'écart pendant plus de deux mois, alors que tout a été tenté pour l'égarer je lui adresse, en même temps qu'à mes collègues, au Conseil municipal, cette première partie de mon passage aux affaires de la commune.

A M. Lacroix, le nouveau maire, je ne lui adresse rien.

F. DURAND,

Conseiller municipal, ancien premier adjoint et maire par intérim.